## Vorbemerkung.

Der vorliegenden Abhandlung liegt das Stenogramm eines Vortrags zugrunde, den der Verfasser am 9. April 1914 im Verein der Freidenker zu Budapest gehalten hat. Der Wunsch, den Ansprüchen eines verschiedenartig zusammengesetzten Publikums gerecht zu werden, mag die Anordnung des Stoffes und die gewählte Ausdrucksweise erklären.  D. V.

Schriften des Sozialwissenschaftlichen
Akademischen Vereins in Czernowitz.
Heft VI.

# Wesen und Aussichten des bürgerlichen Radikalismus.

Von
Ed. Bernstein.

München und Leipzig.
Verlag von Duncker & Humblot.
1915.

Alle Rechte vorbehalten.

Neben den dinglichen Elementen des sozialen Lebens, der Wirtschaft, dem politischen und dem zivilen Recht sowie der allgemeinen Kultur, sind es vornehmlich zwei Triebkräfte — die eine halb, die andere ganz persönlicher Natur, welche die Bildung, die Entwicklung und die Betätigung der politischen Parteien bestimmen. Es sind dies das Interesse und die Idee. Unter Interesse wollen wir für unseren Gegenstand die spezielle Interessiertheit an gewissen politischen, rechtlichen, ökonomischen und allgemein sozialen Zuständen und Einrichtungen verstehen, wobei es erst in zweiter Linie in Betracht kommt, ob dieses Interesse oder dieses Interessiertsein klar erkannt ist oder nur erst unbestimmt empfunden wird. Idee ist aber hier der Begriff für alle sozialen Ideale, die Menschen aufstellen können, gleichviel auf welches Gebiet des sozialen Lebens sie sich beziehen. Idee und Interesse schließen einander nicht völlig aus. Oft, und zwar öfter als die Beteiligten sich dessen bewußt sind, ist die Idee das Kind des Interesses, und das Interesse wiederum muß, um als soziale Triebkraft wirken zu können, in das Bewußtsein gedrungen, ein Stück Idee geworden sein. Eine Tendenz einander zu beeinflussen führt zwischen Interesse und Idee ein polarisches Verhältnis herbei; es sind zwei

Pole, von denen der eine nicht ohne den anderen zu sein pflegt.

Welche von diesen beiden Triebkräften hat in der Geschichte des politischen Lebens zuerst parteibildend gewirkt?

Es ist das eine Frage, die an die berühmte Frage der Scholasten erinnert, wer älter sei, das Ei oder die Henne. Indes in bezug auf das Thema, das mir gestellt ist, scheint sie mir nicht so irrationell zu sein, wie die der Scholasten. Denn die Geschichte der politischen Parteien der modernen Staatswesen reicht ja nicht so weit in die verflossenen Jahrhunderte zurück, als daß wir sie nicht ziemlich genau verfolgen könnten. Das Mittelalter kannte keine politischen Parteien; es kannte persönliche Gefolgschaften und Stände oder Korporationen. Die einen beruhten auf rechtlicher Gebundenheit oder Anwerbung gegen Sold, die Stände waren Verbindungen zur Wahrnehmung von abgegrenzten Interessen, und zwar nur von Interessen.

Ich darf voraussetzen, daß das Mittelalter zur Genüge bekannt ist, und daß ich vielleicht mich dessen schuldig mache, was man unter dem Wort versteht, Eulen nach Athen tragen, wenn ich hier noch vom Feudalismus spreche. Die mittelalterlichen Stände, wiederhole ich einfach, waren Verbindungen zur Wahrnehmung von abgegrenzten Interessen und nur von Interessen. Niemand verlangte von ihnen anderes, als Interessenvertretung. Niemand erwartete von ihnen eine soziale Ideologie; sie würden ein solches Verlangen gar nicht begriffen, nicht verstanden haben. Die soziale Ideologie des Mittelalters suchte sich außerhalb der anerkannten Organe des öffentlichen Lebens ihre Stätten, und zwar zumeist in den Sekten als Geheimbündelei. Wie neben den Ständen, und selbst als ein großer Stand, die große römische Kirche mit ihren Einrichtungen das ganze soziale Leben durchdrang, so mußte auch das Streben nach Veränderung der sozialen Zustände notgedrungen gegen die römische Kirche sich auflehnen, die sich von den alten christlichen Idealen entfernt, einen heidnischen Gebrauch nach dem andern aufgenommen hatte und vorwiegend Organ der Beherrschung geworden war. Angesichts der großen Macht dieser Kirche mußten die gegen sie gerichteten religiösen Sekten meist Geheimbünde bilden. Ich brauche da nur an die Sekten der Katharer, der Pataroner, der Waldenser und an den Geheimbund der später aufgekommenen Brüder des freien Geistes zu erinnern. Alle diese Bewegungen wurden verfolgt und jeweilig unterdrückt, ihre Ideen aber lebten doch immer wieder auf, bis die Reformation kam, hervorgerufen durch die propagandistische Tätigkeit der die römische Kirche befehdenden Sekten, aber abgelenkt in ein anderes Fahrwasser. Die Reformation ward dadurch zur Reaktion, daß sie das Staatskirchentum brachte. Eben darum bleiben indes auch die radikaleren Sektierer am Werk, es bleiben Verbindungen übrig, die mit der kirchlichen die soziale Ideologie hochhalten.

Zuerst kam die Sektenbewegung in den Niederlanden dazu, politische Umwälzungen hervorzurufen.

Doch sind die Einzelheiten der politischen Gestaltungen in Holland dem größeren Publikum zu wenig bekannt, war in der Zeit, um die es sich hier handelt, das öffentliche Leben in den Niederlanden zu wenig entwickelt, um uns als gutes Bild für unser Thema dienen zu können. Aber nach dem Abschluß jener politischen Umwälzung Hollands spielt sich ein Jahrhundert später unter uns näher liegenden Formen die englische Revolution ab, eine Erhebung, die wir gleichfalls nur richtig begreifen, wenn wir uns den großen Einfluß vergegenwärtigen, den die unabhängigen kirchlichen Sekten damals im englischen Volke erlangt hatten. Die puritanische Bewegung gegen die Staatskirche, vertreten in den verschiedensten Verbindungen, hatte seit der Thronbesteigung der Stuarts eine außerordentliche Stärke erlangt, und es würde derjenige sehr fehlgehen, der annehmen wollte, daß die große englische Revolution des siebzehnten Jahrhunderts etwa bloß durch die Steuerpolitik Karls I. verursacht worden sei. Richtig ist nur, daß sie durch die Steuerfrage zum Ausbruch gebracht wurde. Ihre kräftigsten Wurzeln aber hatte sie im Sektentum und dessen politischen und sozialen Ideologien, denen allerdings wieder soziale Interessen zugrunde lagen. Die Gegnerschaft der Sekten gegen Karl I. war namentlich darum so stark, weil man ihm die Preisgabe der protestantischen Sache während des auf dem Festlande wütenden Krieges — der Dreißigjährige Krieg! — zuschrieb, und weil Karl insofern katholisierende Tendenzen verfolgte, als er die bischöfliche Verfassung der Kirche — allerdings unabhängig von Rom — mit Gewalt durchzuführen suchte. Und in England führt in dieser großen Revolution der Kampf der Sekten tatsächlich zur Bildung von Vorläufern der modernen politischen Parteien.

Man kann die englische Revolution, wie dies auch gelegentlich geschehen ist, in Hinblick auf den Streit um die kirchliche Verfassung und das Staatsrecht als eine Erhebung des Alten Testaments gegen das Neue Testament betrachten. Die Puritaner dachten mehr oder weniger republikanisch; sie riefen das Buch Samuelis auf gegen die Ausspielung des Neuen Testamentes durch das absolutistische Königtum; denn während im Neuen Testament gesagt wird: gebet dem Könige, was des Königs ist, heißt es im Alten Testament im Buche Samuelis: Setzt Euer Vertrauen nicht auf Könige! An die Kirchenfrage anknüpfend, gruppierten sich die verschiedenen Parteien: die evangelische Bischofspartei war wesentlich aus Parteigängern des fürstlichen Absolutismus zusammengesetzt, sie war die eigentliche Königspartei. Die Presbyterianer vertraten, wenn wir das modern ausdrücken wollen, den monarchischen Konstitutionalismus, und die Independenten, die Anhänger der Forderung der kirchlichen Selbstbestimmung der Gemeinde, können wir mit gewissen Vorbehalten die liberale Partei des 17. Jahrhunderts nennen. Von ihr zweigt sich eine Partei ab, welche von ihren Gegnern die Partei der Leveller genannt wird, d. h. Partei der Gleichmacher oder Umstürzler; diese Leute waren die Radikalen der Epoche, sie vertraten den Radikalismus in Kirche und Staat. In den Levellers und deren Führern, vor allem in John Lilburne, sehen wir das erste Mal in politischem Sinne klar und mit einem bestimmten Programm eine Partei des bürgerlichen Radikalismus auftreten.

Was ist der Begriff des bürgerlichen Radikalismus? Er ist nicht leicht unbestreitbar festzustellen, weil das Wort „Bürger" doppelsinnig ist, weil es in unserer deutschen Sprache: — ich hoffe, nicht in der Ihrigen — den doppelten Sinn hat, den Staatsbürger und zugleich auch das zu bezeichnen, was die Franzosen bourgeois nennen: den Mann der Mittelklasse. Die Franzosen haben für den Staatsbürger das Wort citoyen, die Engländer das Wort citizen, und wie man im Französischen das Wort bourgeois hat, hat man im Englischen den Begriff gentleman oder, wenn Sie wollen, middle classman für den Angehörigen der mittleren Klassen.

Nun weiß ich nicht genau, in welchem Sinne mir die Frage des bürgerlichen Radikalismus von Ihrem Vorstand gestellt ist. Gibt es einen Radikalismus der Klasse, die wir Bourgeoisie nennen? Gewiß, den hat es gegeben; aber die radikale Auffassung und Anwendung des Prinzips des staatsbürgerlichen Gedankens — des Gedankens der citizenship, wie es die Engländer nennen, der Staatsbürger-Eigenschaft, die unabhängig ist vom Eigentum, unabhängig ist von der sozialen Machtstellung — diese Auffassung, die auf die Politik angewendet, ausgedrückt werden kann als die staatsbürgerliche Demokratie, sie wäre dann der nicht an die Interessen der Bourgeoisie geknüpfte bürgerliche Radikalismus, und ich glaube, diesen staatsbürgerlichen Radikalismus zum Ausgangspunkt nehmen zu sollen, wenn ich über die Möglichkeiten des bürgerlichen Radikalismus mich zu äußern habe. Wenn wir das Thema aber so auffassen, wenn wir den bürgerlichen Radikalismus als staatsbürgerlichen Radikalismus kennen lernen wollen, dann ist es geraten, uns an das Programm der Partei zu halten, die man die Leveller nannte. Die Leveller haben zum erstenmal in der modernen Geschichte unserm Gedanken eine systematische Formulierung gegeben, und zwar haben sie dies getan in der berühmten programmatischen Veröffentlichung, welcher sie den Namen gaben: Agreement of the people, zu deutsch: Volksvertrag. Sie arbeiteten dieses Programm aus, als die englische Revolution ihren Höhepunkt erreicht hatte, im Jahre 1647, und gaben ihm die letzte Formulierung in einer Flugschrift, die im Mai 1649 verbreitet wurde. Für den Volksvertrag haben sie von 1647 ab gekämpft und gelitten.

Was sagt dieser Volksvertrag? Er stellt eine Reihe von Rechten fest. Er stellt erstens fest das Recht der Selbstbestimmung der Nation. Er stellt fest das gleiche Wahlrecht für alle erwachsenen Männer, die nicht Almosenempfänger und Lohnempfänger sind. Er stellt fest einjährige Wahlen, er stellt fest Verantwortlichkeit und häufige Erneuerung der Beamten, Aufhebung der indirekten Steuer, Einführung einer einzigen direkten Steuer auf Einkommen und Vermögen. Er stellt fest die Beseitigung aller Zölle, die Beseitigung der vom Staat an Private verliehenen Monopole. Er formuliert somit die staatsbürgerliche Gleichheit aller und außerdem verlangt er an Stelle des stehenden Heeres ein Volksheer, unterstellt unter die Macht des Volksstaates, sozusagen eine organisierte Volkswehr; er will Rechtsprechung durch das Volk, durch vom Volk gewählte Richter, die Wahl der Beamten durch das Volk und verkündet schließlich als Pflicht des Staates Fürsorge für alle Armen, Invaliden und Arbeitslosen.

Fast alles das bedarf heute keiner besonderen Erklärung mehr; wir können uns nur wundern, wie systematisch dieses Programm schon aufgestellt wurde. Nur ein Punkt wird manchen vielleicht heute verblüffen: die Ausschließung der Lohnempfänger aus dem Wahlrechte. Diese Bestimmung zeigt uns, welcher Gesellschaftsklasse die Leveller mit ihrem Radikalismus angehörten; sie vertraten das breite, erwerbende Bürgertum und dessen Ideologie. Es konnte das aber auch nicht anders sein. Dieses Bürgertum war ja die große, arbeitende Klasse jener Epoche. Eine ausgebildete Lohnarbeiterklasse, wie wir sie heute haben, gab es noch nicht. Sie war sogar zu jener Zeit in England noch viel weniger ausgebildet als auf dem Festlande, und zwar stand unter anderem das englische Lehrlingsgesetz ihrer Ausbildung noch im Wege. In England dauerte die Lehrlingschaft sieben Jahre; diejenigen, welche die Lehrlingszeit abgedient hatten, waren nur kurze Zeit als journeymen im Lohnarbeitsverhältnis tätig; sie gingen zumeist sehr bald daran, sich selbständig zu machen; und weil dies so war, haben wir die bemerkenswerte Erscheinung, daß in dieser großen englischen Revolution, die eine Partei nach der anderen auf die Bühne brachte, davon die eine immer radikaler als die andere, wodurch nacheinander die verschiedenen Klassen zur politischen Geltung gelangten, es keine selbständige Bewegung von Lohnarbeitern gab. Wohl traten die Lehrlinge wiederholt in Aktion. Schon an den Straßenschlachten Londons vom Jahre 1641, als Karl I. das Parlament gewaltsam aufzulösen versuchte und der Kampf zwischen diesem und dem König ausbrach, beteiligten sich die Lehrlinge sehr stark und wurden auch allgemein ernst genommen, während ihr Eingreifen heute wahrscheinlich mehr Spott hervorrufen würde. Und auf der Höhe der Revolution sehen wir im Jahre 1647 die Lehrlinge der Kaufleute von London das Independenten-Parlament belagern und den Versuch machen, die Independenten aus dem Parlament wegzujagen im Interesse der Presbyterianer, die einer mehr konservativen Auffassung huldigten. Die Lohnarbeiter fühlten sich noch nicht als selbständige Klasse, und darum bestand auch bei ihnen noch kein Bedürfnis nach einem Wahlrecht und findet man keine Äußerung, die an jener Formulierung der Leveller Anstoß nahm. Wenn man den Levellers gesagt hätte, daß es — ich will das heutige Wort gebrauchen — undemokratisch sei, die Lohnempfänger aus dem Wahlrecht auszuschließen, dann würden sie das einfach nicht begriffen haben, weil eben noch gar kein Bedürfnis unter den Lohnempfängern nach einer eignen Vertretung im Parlament vorhanden war.

Aber es kam noch ein zweites hinzu. Erhielten die Lohnempfänger das Wahlrecht, so war bei den damaligen Verhältnissen, da das Mittelalter und auch das Spätmittelalter nur eine öffentliche Stimmenabgabe kannten, so war, sage ich, auf dem Lande die Stimme des Landarbeiters, des Landtaglöhners einfach in der Verfügung des Großgrundbesitzers und in den Städten die Stimme der Lohnempfänger die Stimme der Lohngeber, in der City von London die der reichen Kaufleute, und auch darum haben die Leveller den Lohnempfänger, der allgemein noch als unmündig betrachtet wurde, aus dem Wahlrecht ausgeschlossen. Von diesem einen Punkt abgesehen, ist jedoch das Programm der Leveller so demokratisch, daß wir es in seiner Ganzheit heute noch in den allerwenigsten Ländern verwirklicht finden.

Indessen weist doch der Umstand, daß die Leveller die Lohnarbeiter aus dem Wahlrecht ausschlossen, wenn wir die Frage tiefer überdenken, uns auf die Achillesferse des bürgerlichen Radikalismus hin. Darüber später. Man weiß, welche Entwicklung und welchen Ausgang die Revolution in England nahm. Die Leveller-Bewegung wurde von den bürgerlichen Independenten unter Cromwell, man kann sagen, niedergetreten. Es kam dann die Restauration der Stuarts, die Unterdrückung aller demokratischen Bewegungen, und am Ende des 17. Jahrhunderts, im Jahre 1688, erfolgte die zweite Erhebung, von den Engländern die glorreiche Revolution genannt, weil sie rein bourgeoismäßig blieb. Sie stellte die absolute Herrschaft des Grundbesitzes im Parlamente her, und zwar die Herrschaft des ländlichen Grundbesitzes und die der Grundherren in den Städten, — der städtischen

Aristokratie. Es bildeten sich die beiden großen Parteien der Besitzenden aus, die abwechselnd die Herrschaft sich streitig machten. Beide Grundbesitzerparteien waren ihrem Wesen nach sehr stark feudal gesinnt.

Erst am Ende des 18. Jahrhunderts erstarkt in England von neuem die demokratische Bewegung. Inzwischen war aber der Gedanke des bürgerlichen Radikalismus nach Frankreich hinübergewandert, wurde dort aufgenommen und fand dort nun seine tiefere theoretische Erörterung. Allerdings gab es auch bei den Levellern Schriften mit theoretischen Betrachtungen, eine Literatur, die noch viel zu wenig bekannt ist. Indessen in Frankreich findet der demokratische Gedanke erst seine großen Theoretiker — ich brauche nur den einen Namen zu nennen: Jean Jacques Rousseau. Rousseau arbeitete 1762 sein berühmtes Buch über einen dem Staat zugrunde liegenden Vertrag aus, den er nicht, wie die Leveller den ihrigen, Volksvertrag, sondern contrat social, Gesellschaftsvertrag nannte, für den er aber auch die politische Souveränität des Volkes, die Demokratie, zum Grundsatz nahm und sie theoretisch zu begründen suchte, wie sie dann in der französischen Revolution in der Verfassung des Jahres 1793 mit der Erklärung der Rechte des Menschen und des Staatsbürgers ihren gesetzlichen Ausdruck findet. Diese Verfassung und vor allen Dingen die ihr vorausgeschickte Deklaration der Rechte des Menschen und des Staatsbürgers — droits de l'homme et du citoyen — können wir das Hohe Lied des staatsbürgerlichen Radikalismus nennen, das mit den materiellen Interessen auch der Rechtsideologie der breiten bürgerlichen Erwerbsklassen Ausdruck gibt.

Es wird für unsern Zweck angezeigt sein, wenigstens einige der charakteristischen Artikel der Erklärung der Menschenrechte wörtlich wiederzugeben. Sie sind wichtig für den Gegenstand, mit dem wir uns beschäftigen.

Artikel 1. „Das Ziel der Gesellschaft ist das Glück Aller. Die Regierung ist eingesetzt, um dem Menschen den Genuß seiner natürlichen und unverjährbaren Rechte zu verbürgen." Den Grundsatz der natürlichen Rechte des Menschen, das Naturrecht, hat sie zu verbürgen; und was sind diese Rechte? Artikel 2 sagt es uns: „Die Gleichheit, die Freiheit, die Sicherheit und das Eigentum."

Wie wird die Gleichheit verstanden? Artikel 3: „Alle Menschen sind gleich durch die Natur und vor dem Gesetz." Und Artikel 4: „Das Gesetz ist der freie und feierliche Ausdruck des allgemeinen Willens; es ist dasselbe für Alle, schützend oder strafend; es kann nur anbefehlen, was gerecht und der Gesellschaft nützlich ist, es kann nur verbieten, was ihr schädlich ist."

Artikel 5: „Alle Bürger können in gleicher Weise zu den Ämtern zugelassen werden; die freien Völker kennen keinen andern Grund des Vorzugs bei ihren Wahlen, als die Tugenden und die Talente."

Letzteres ist das Prinzip, dem auch Napoleon I. Huldigung gezollt hat in dem Satz: „La carrière ouverte à tous", der Aufstieg soll jedem freistehn, ein

Prinzip, das auch in dem Satz wiederkehrt: „Der französische Soldat hat den Marschallstab im Tornister." Es steht dem französischen Soldaten keinerlei verfassungsmäßiges Hindernis im Wege, es beim Aufsteigen bis zum Marschall zu bringen, welch letzteres ja auch bei einzelnen der Fall gewesen ist.

Dies aber ist selbst heute noch bei uns, ich meine im deutschen Reiche, nicht möglich. In dem Staate, welchem ich angehöre, im preußischen Staate und auch sonst im Deutschen Reiche ist es eine Unmöglichkeit, daß der einfache Mann, der in das Heer eintritt, in das Heer, das aus dem Volke genommen wird, sei er auch noch so tüchtig und begabt, möge er sich auch noch so viel Wissen aneignen, es weiter als etwa zum Wachtmeister bringen kann; beim Wachtmeister hört für den einfachen Staatsbürger bei uns der Aufstieg in der Armee auf.

Gehen wir weiter:

Artikel 16: „Das Eigentumsrecht gestattet jedem Bürger nach seinem Belieben freien Besitz, seine Einkünfte, die Früchte seiner Arbeit, seiner Betriebsamkeit zu genießen und darüber zu verfügen." Artikel 18: „Jeder Mensch kann seine Dienste und seine Zeit verwerten, aber er kann sich nicht verkaufen und er kann auch nicht verkauft werden. Seine Person ist kein veräußerliches Eigentum. Das Gesetz kennt keine Hörigkeit; es gibt nur die eine Verpflichtung der Aufmerksamkeit und der Dankbarkeit zwischen dem Menschen, der arbeitet, und dem, der ihn anstellt."

Artikel 20: „Abgaben können nur für den allgemeinen Nutzen eingeführt werden. Alle Bürger haben das Recht, bei der Feststellung der Steuern zusammenzutreten, ihre Erhebung zu überwachen und sich Rechenschaft ablegen zu lassen."

Artikel 21: „Die öffentlichen Unterstützungen sind eine heilige Schuld. Die Gesellschaft schuldet den unglücklichen Mitbürgern den Unterhalt; sie verschafft ihnen Arbeit und sichert die Mittel zum Leben den Arbeitsunfähigen."

Artikel 25: „Die Souveränität beruht auf dem Volk, sie ist unteilbar, unverjährbar und unveräußerlich."

Artikel 28: „Ein Volk hat jederzeit das Recht, seine Verfassung durchzusehen, zu reformieren, zu ändern. Kein Geschlecht kann künftige Geschlechter an seine Gesetze binden."

Artikel 34: „Es ist eine Unterdrückung gegen den ganzen Gesellschaftskörper, wenn ein einziges seiner Glieder unterdrückt ist, und es ist Unterdrückung jedes einzelnen Gliedes, wenn der Körper unterdrückt ist." Artikel 35: „Wenn die Regierung die Rechte des Volkes verletzt, so ist der Aufstand für das Volk und für jeden Teil des Volkes das heiligste Recht und die unumgänglichste Pflicht."

Zu diesen allgemeinen Bestimmungen der Erklärung der Rechte des Menschen und des Staatsbürgers, die in der Verfassung von 1793 in formalen Sätzen Ausdruck gefunden haben, will ich noch den einen Satz aus dieser Verfassung wiedergeben, der vom staatlichen Bürgerrecht handelt. Es ist der Ar-

tikel 4, der da sagt: „Jeder Mensch, der in Frankreich geboren und ansässig ist und sein 21. Jahr zurückgelegt hat, jeder Mensch, der seit einem Jahre in Frankreich ansässig ist — der hier von seiner Arbeit lebt, oder einen Besitz erwirbt, oder eine Französin heiratet, oder ein Kind adoptiert oder einen Greis ernährt, jeder Fremde, der nach dem Urteil des gesetzgebenden Körpers um die Menschheit sich verdient gemacht hat — **kann die Rechte des französischen Bürgers ausüben.**"
Man wird zugeben, daß diese Paragraphen, soweit sie das staatsbürgerliche Recht berühren, das Radikalste darstellen, was bis dahin überhaupt, sei es programmatisch, sei es in Gesetzesform, vorgeschlagen wurde. Die berühmte Verfassung der Vereinigten Staaten von Nordamerika, deren Verkündung vorangegangen war und die auch Menschenrechte proklamiert hatte, ist so radikal nicht wie dieses Programm der französischen Revolution. Es scheint die vollendeteste Demokratie zu bringen und verkündet gewiß das vollendeteste Selbstbestimmungsrecht der Nation in dem einen Satz: „Ein Volk hat jederzeit das Recht, seine Verfassung abzuändern; keine Generation kann der folgenden Generation Gesetze vorschreiben oder sie an ihre Gesetze binden." Darin liegt ein großer Gedanke ausgedrückt, den keine vorherige Zeit anerkannt hatte, weder das Mittelalter noch das Vormittelalter: das Recht des Neuwerdenden, des sich im Schoße der Gesellschaft Entwickelnden gegenüber den überlieferten, den sogenannten erworbenen Rech-

ten. Und das ist vielleicht der größte Gedanke des Liberalismus.

Die Deklaration enthält ferner Bestimmungen, betreffend die Verantwortlichkeit der Beamten, den allgemeinen Unterricht usw., die in Verbindung mit den anderen, die ich verlesen habe, die Gleichheit aller Bürger vor dem Gesetz, die Gleichheit der Möglichkeiten — kurz, alle vernünftige Gleichheit zu verbürgen schienen. Und die Partei, die diese Satzungen aufstellte, die diese Satzungen zu ihrem Programm machte und mit größter Energie verfocht, das war der linke Flügel der Jakobiner, die Bergpartei, im französischen Konvent vertreten vor allem durch Robespierre und Saint-Just.

Aber blicken wir tiefer hinein, halten wir uns nicht bei den formalrechtlichen Bestimmungen auf, welche die Gleichheit im staatsbürgerlichen Sinne herstellen wollen ,dann sehen wir, daß auch dieses Programm bei allem Radikalismus, bei allen weitgehenden demokratischen und selbst sozialistischen Ideen, welche letzteren namentlich Saint-Just in verschiedenen Veröffentlichungen entwickelt hat, doch wiederum nur kleinbürgerliche Ideale aufstellt, eben, wie ich es genannt habe, die Ideale des breiten, erwerbenden Bürgertums. Wohl gab es in Frankreich am Ende des 18. Jahrhunderts mehr Proletarier, mehr Lohnarbeiter, als im England des 17. Jahrhunderts, und schon Elemente eines modernen Proletariats, die es dort noch nicht gegeben hatte. Sie hatten auch ihre Advokaten in den Reihen der Hebertisten, auch fehlte es in der französischen Revolution nicht an Aufständen oder wenigstens Erhebungen von Arbeitern, die Lohnforderungen stellen, und 1796 haben wir die berühmte Verschwörung der Gleichen unter Babeuf, die sich besonders an die Lohnarbeiter wandte. Aber wir haben in jenem Frankreich noch keine eigene Klassenorganisation der Arbeiter. Auch in Frankreich haben wir in der großen Revolution, welche die verschiedensten Elemente, die verschiedensten sozialen Schichten eine nach der anderen auf die Bühne rief, noch keinen Versuch der Bildung einer politischen Arbeiterpartei. Trotz des demokratischen Wahlrechts zum Konvent ist nur ein einziger Arbeiter in diese Körperschaft gewählt worden, der Arbeiter François Noël, der aber gar keine Rolle in dieser Versammlung gespielt hat, der nur einmal bescheidene Worte gesprochen hat, viel bescheidener als die Angehörigen anderer Gesellschaftsklassen. Den wilden Radikalismus haben im Konvent ganz andere Männer vertreten, der Brauer Santerre, der Fleischer Legendre, Schriftsteller, Advokaten — kurz, alle möglichen Elemente aus dem Bürgerstande, aber nicht der Proletarier, der vielmehr im Hintergrund blieb, weil er sich als Arbeitsmann noch gar nicht zuhause fühlte in der Nationalvertretung. Und dieselbe französische Nationalversammlung, welche jene Erklärung der Menschenrechte ausgearbeitet hat, die ich oben geschildert habe, und derselbe Konvent, der sie verkündet hat, haben das Gesetz angenommen, das nach seinem Berichterstatter das Gesetz Chapelier genannt wurde — die Nationalversammlung von 1791 hat es beschlossen und der Konvent hat den Beschluß erneuert — ich meine das Gesetz, welches die Koalitionen im Gewerbe, die Organisationen für Bestimmung der Löhne usw. verbietet. Allerdings ist man auch hier wieder, wie es bei den Levellern der Fall war, als sie die Lohnarbeiter aus dem Wahlrecht ausschlossen, sich dessen nicht bewußt gewesen, daß das Gesetz irgend jemand unrecht tat, daß darin ein Klassenvorurteil steckte. Diese Tatsache kam seinen ersten Urhebern gar nicht zum Bewußtsein. In seiner ersten Form richtete sich das Koalitionsverbot gegen Unternehmer und Arbeiter in gleicher Weise; es verbot die Koalition bei beiden und bedrohte beide mit den gleichen Strafen. Die Männer der französischen Revolution hatten soeben die Zünfte aufgehoben, wie das Turgot schon 1776 versucht hatte, sie hatten die Handwerkskorporationen mit allen ihren großen Übelständen, mit all ihrem Unfug abgeschafft, und im Geiste dieser Beschlüsse faßten sie auch jenes Gesetz auf. Sie wollten die Koalition unterdrücken, weil ihre Vorstellung war, mit Beseitigung der Korporationen, wie mit der Unterdrückung der Privatmonopole die ganze Gesellschaft wieder kleinbürgerlich zu gestalten, die Welt der kleinen Meister wieder ins Leben zu rufen. In dieser Auffassung schrieb die französische Revolution ja auch die zwangsmäßige Teilung der Erbschaften vor, die gleichmäßige Verteilung des Erbes unter alle Kinder. Mit Bestimmungen dieser Art glaubten die Männer der Revolution eine Gesellschaft von Kleinbürgern wiederherstellen zu können. Ein Gedanke, der auch anderen Sätzen der französischen Revolution und in den Menschenrechten zugrunde liegt. Das Recht auf freie Betätigung, das berühmte und vielfach falsch verstandene Wort droit au travail, das man fälschlich übersetzt hat mit „Recht auf Arbeit", sollte nichts weiter sein, als das Recht auf Ausübung jedes beliebigen Gewerbes, das, was man heute Gewerbefreiheit nennt, als das und nicht anderes hat die französische Revolution es proklamiert. Es war auch ein großer Fortschritt für jene Zeit; es war eine Maßregel, welche sich gegen die an Monopolen reichen Zünfte wendete, und viel Unrecht beseitigt hat.

Alles das zugegeben, bleibt nun aber doch eines Tatsache: diese loi Chapelier, dieses Gesetz, welches die Koalitionen verbot und dann ins allgemeine Strafgesetzbuch, den Code pénal, aufgenommen wurde, ist, soweit man feststellen kann, nicht ein einzigesmal gegen Unternehmer angewendet worden. Dagegen ist aus der Zeit, von der man statistische Daten darüber hat, festgestellt, daß von 1825 bis 1848 rund 4500 Arbeiter auf Grund dieses Gesetzes zu mehr oder weniger hohen Gefängnisstrafen verurteilt worden sind. Jn der Praxis wandte sich also das Gesetz einfach gegen die Arbeiter, was immer seine Schöpfer sich unter ihm vorgestellt, was immer sie mit ihm gewollt haben mochten.

Ich könnte noch ein zweites erwähnen. Derselbe Konvent, der das Eigentum des Adels, der Emigranten, der das Eigentum der Kirche usw. konfiszierte, derselbe Konvent setzte die höchste Strafe auf die Agitation für das, was man damals das Agrargesetz nannte — heute würden wir sagen: Bodenreform — auf die Agitation für eine andere Verteilung von Grund und Boden, für andere Bodenrechte und gegen das Privateigentum an Grund und Boden. Und die Verfassung von 1793 selbst geht im Schutze des Eigentums so weit, daß sie — ich werde mir erlauben, noch einmal auf schon Vorgeführtes zurückkommen — daß sie im Artikel 19 der Erklärung der Menschenrechte Folgendes sagt:

„Auch nicht der kleinste Teil seines Eigentums kann ihm — dem Bürger nämlich — genommen werden, außer, wenn die öffentliche Notdurft nach dem Gesetze feststeht und dazu zwingt, und auch dann nur unter der Bedingung einer vorherigen gerechten Entschädigung." Ein schöner Grundsatz, hinter den sich aber später das Eigentumsrecht in seiner krassen Form gesteckt hat: das Recht des Eigentums gegenüber der Allgemeinheit. Die Verfasser der Deklaration sahen es nicht, sie konnten es vielleicht nicht einmal ahnen. Aber an dem, was aus der Vorschrift geworden ist, zeigt sich auch wieder die Achillesferse des bürgerlichen Radikalismus. Indes — ich wiederhole — für die damalige Zeit war auch jenes Programm das Radikalste, was überhaupt durchzuführen war. Das haben namentlich auch die Verschwörer gegen die damalige Entwicklung, die Gleichen Babeufs, zwar nicht programmatisch, aber durch die Tat anerkannt. Ihr Programm war durchaus kommunistisch, es zielte ab auf die Aufhebung des Privateigentums. Als sie aber am Vorabend standen, ihre Erhebung — man muß sagen: ihre wohlorganisierte, reichlich durchdachte Erhebung — ins Werk zu setzen, da arbeiteten sie ein Dekret aus, das denen, die nun in dieser Revolte sich durch ihre Tatkraft verdient machen würden, als Belohnung allerhand Eigentum zusprach, das ihnen verbürgt sein würde. Unbewußt erkannten sie damit an, daß die Durchführung des ihnen vorschwebenden Kommunismus im damaligen Frankreich einfach unmöglich war; alle tatsächlichen Verhältnisse fehlten, um ihr Programm, wie schön es auch gedacht war, in die Wirklichkeit umzusetzen.

Wir wissen, daß die weitere Entwicklung Frankreichs die, möchte ich sagen, Zurückdämmung der Revolution mit Ausnahme einiger bestimmter Grundgedanken bildet, wie die Gleichheit vor dem Gesetz usw. Die sind ja geblieben; aber im übrigen kamen das Direktorium, das Konsulat, das erste Kaiserreich, die Restauration der Bourbonen, und dann durch die Revolution von 1830 das Bourgeoiskönigtum. Ich gebrauche absichtlich diesen Ausdruck, nicht, wie man gewöhnlich sagt, Bürgerkönigtum, und den Grund werden Sie aus folgendem ersehen: Damals (1830) hatte Frankreich über 30 Millionen Einwohner, und unter den Bourbonen waren in ganz Frankreich von den 30 Millionen Einwohnern nur 120 000 Wähler gewesen. Diese bildeten das, was man das pays légal, das an der Gesetzgebung aktiv beteiligte Land, nannte. Nun war die Julirevolution von 1830 gekommen, Louis Philippe kam ans Ruder; das Wahlrecht wurde ausgedehnt, aber nur in dem Maße, daß von den 30 Millionen Einwohnern gerade 200 000 das Wahlrecht bekamen. Noch bis zum Vorabend der Revolution des Jahres 1848 stieg die Zahl der Wähler nur erst auf 300 000, zu einer Zeit, da die Nation schon 35 Millionen Einwohner zählte! Erst die Revolution von 1848 räumte mit der Privilegienwahl auf, sie schuf das allgemeine und gleiche Wahlrecht, und nachdem die Nationalversammlung 1850 eine neue Beschränkung eingeführt hatte, stellte das zweite Kaisertum dieses allgemeine, gleiche Wahlrecht wieder her, allerdings mit dem Preßhenker und dem Versammlungshenker daneben, so daß, solange die Presse und die Versammlungen unterdrückt waren, das gleiche Wahlrecht seine soziale Wirkung nicht ausüben konnte. Aber unter dem Bourgeoiskönigtum war, wie Sie wissen, die sozialistische Propaganda von neuem erwacht. Die Saint-Simonisten, die Anhänger Charles Fouriers und Louis Blancs, die Schüler Babeufs, entfalteten eine lebhafte Agitation. Die sozialistische Ideologie erfaßt die Gemüter in einen Grade, daß man gegen 1848 schon glaubte, am Vorabend der Errichtung der neuen Gesellschaft zu stehen. Die Februar-Revolution bringt in ihrem Verlauf die Ernüchterung. Der Kapitalismus, der inzwischen große Fortschritte gemacht hatte, bleibt noch vorläufig an der Herrschaft.

Die weitere Geschichte kann im einzelnen hier nicht verfolgt werden. Mit dem Kapitalismus hatte auch die Arbeiterklasse sich entwickelt; die Lohnfrage wird immer wichtiger, das Selbstbewußtsein der Arbeiter stärker. Schon in den letzten Jahren des zweiten Kaiserreichs gibt es sich sehr energisch kund. Dann bricht das Kaiserreich an den Verhältnissen zusammen, die Ihnen bekannt sind. Von neuem wird Frankreich Republik, allerdings zunächst Republik aus Notwendigkeit, weil kein Prätendent da ist, die Herrschaft anzutreten. Die Nationalversammlung, die den Präsidenten der Republik so einmütig gewählt hatte, war in ihrer Mehrheit ihrer Gesinnung nach monarchistisch, es fehlte ihr aber die Kraft, der Republik den Garaus zu machen. Die bürgerlich-republikanischen Parteien gewannen immer mehr an Kraft; der bürgerliche Radikalismus bildete die äußerste Linke, denn unter der Herrschaft der rureaux, der Landjunker, der Herrschaft der moralischen Ordnung, wie sie sich nannten, konnte sich nach 1871 zunächst keine richtige Arbeiterpartei entwickeln. Die Kommunards, die 1871 gegen die bestehende Ordnung gekämpft hatten, waren teils getötet, teils deportiert oder ins Exil gejagt worden. Beiläufig gab es wohl damals keine Verbindung, die stärker für die Sicherung der Republik und für deren Entwicklung, sagen wir, in das Fahrwasser des bürgerlichen Radikalismus gearbeitet, gewirkt und mit Erfolg gewirkt hat, als das französische Freimaurertum. In den Freimaurersitzungen wurde damals unter anderem die Agitation für die Amnestie der Kommunards betrieben, und nachdem durch die Wahlen von 1877 unter Gambetta, der ja mit den Freimaurern und den Positivisten in Verbindung stand, die Republik gesichert war, nahm sie dann tatsächlich ihre Entwicklung in die radikale Richtung.

Aber ehe ich weiter gehe, will ich eines noch erwähnen. Von dem Erwachen der Arbeiterbewegung unter dem zweiten Kaiserreich haben die wenigsten eine rechte Vorstellung. Es wurde die Internationale Arbeiterassociation gegründet, und eine Aktion kann für unser heutiges Thema unsere Aufmerksamkeit besonders in Anspruch nehmen: das ist die Aktion einer Gruppe der organisierten Pariser Arbeiter, das heißt der gewerblich organisierten Arbeiter, bei einer Nachwahl, die im Frühjahr 1863 stattfand. Bei dieser Nachwahl veröffentlichten die organisierten Pariser Arbeiter, unterschrieben von 60 Vertrauensmännern, eine Erklärung, die déclaration des soixante genannt, welche den schon beinahe auf dem Sterbebette liegenden Proudhon in so hohem Maße begeisterte, daß sie ihn, den Totkranken, zu einer Schrift entflammt hat, welche sein politisches Testament wurde. Sie ist erst nach seinem Tode veröffentlicht worden und hat den Namen erhalten: „Über die politische Befähigung der arbeitenden Klassen." In der Deklaration der Pariser Arbeiter vom Frühjahr 1863 nun lesen wir folgende Sätze.

Es mag interessieren, die sehr bezeichnende Äußerung auch in der Ursprache kennen zu lernen. Da lautet sie:

„Nous ne sommes pas représentés. Nous refusons de croire que la misère soit une institution divine. La charité, cette vertue chrétienne, a radicalement prouvé et reconnu elle-même son impuissance comme institution sociale. Au temps de la souverainité du peuple, du suffrage universel, elle ne peut pas être qu'une vertue privée. Nous ne voulons pas être des clients ni des assistés; nous voulons devenir des égaux. Nous repoussons l'aumône, nous voulons la justice."

Übersetzt: „Wir Arbeiter sind nicht vertreten. Wir lehnen es ab zu glauben, daß das Elend eine göttliche Einrichtung sei. Die Mildtätigkeit, diese christliche Tugend, hat sich nachhaltig als ohnmächtig erwiesen, soziale Institution zu sein; zu einer Zeit der Souveränität des Volkes, des allgemeinen Stimmrechts, kann sie nur eine Privattugend sein. Wir wollen nicht Schutzbefohlene, noch Unterstützte sein; wir wollen Gleiche werden; wir weisen das Almosen zurück, wir fordern die Gerechtigkeit."

Dieses Manifest der Sechzig hat, wie ich sagte, Proudhon zu seinem letzten Werk begeistert. Aber die Erklärung: „Wir wollen nicht Schutzbefohlene sein, wir wollen Gleiche sein, wir wollen keine Almosen, wir wollen Gerechtigkeit", — all das aus dem Munde organisierter Arbeiter, das war die Lossagung von der politischen Bevormundung der Arbeiterklasse durch den bürgerlichen Radikalismus.

Ein Gleiches war zur selben Zeit in Deutschland geschehen. In Deutschland war kurz vorher eine neue Arbeiterbewegung ins Leben getreten. Ferdinand Lassalle hatte sich an ihre Spitze gestellt; er hatte als erstes Prinzip die Selbständigkeit in der politischen Organisation gepredigt, die Losreißung von der Bevormundung durch den bürgerlichen Radikalismus. In England allerdings finden wir die Arbeiterklasse, welche dieselbe Forderung schon am Ende der zwanziger Jahre erhoben hatte, nachdem sie zuerst

1834 und dann in der großen Chartistenbewegung große Niederlagen erlitten hatte, zum großen Teil mit den Radikalen verbunden. Aber England war es doch, wo im September 1864 die Internationale gegründet wurde mit dem Programm, das ihr von Karl Marx gegeben ward: „Die Emanzipation der Arbeiterklassen muß daß Werk der Arbeiter selbst sein". Und die Internationale breitet sich von Land zu Land aus. Überall sehen Sie — hier früher dort später — Organisationen ansetzen zur Bildung einer selbständigen Partei der Arbeiter. Mit der fortschreitenden ökonomischen Entwicklung wächst die Organisation der Arbeiter auf wirtschaftlichem Gebiete und wird ihre Tätigkeit auf dem Gebiete der Politik eine immer stärkere mit Tendenzen, die der bürgerliche Radikalismus, wie wir ihn kennen gelernt hatten, bei seinem Entstehen nicht kannte oder die er durch seine Rechtsinstitutionen hatte geglaubt überflüssig machen zu können, die seiner Idee vom Recht der Selbstbestimmung widersprachen.

Ich will in dieser Hinsicht nur eins herausgreifen. Lassen wir die Zukunft der Gesellschaft, das Diskutieren über den sozialistischen Zukunftsstaat aus dem Spiel, fassen wir nur einige aktuelle Forderungen der Arbeiterklasse ins Auge. Da haben wir die Forderung des gesetzlichen maximalen Arbeitstages, das heißt der Feststellung einer höchsten Dauer des Arbeitstages durch ein Gesetz. Sie widerspricht anscheinend allen Rechtsgedanken, die in der Erklärung der Menschenrechte niedergelegt worden sind, dem Rechte auf Freiheit der Arbeit, dem Rechte, daß die

Person tue, was sie will, solange sie in keines anderen Rechtssphäre eingreift und sich an keiner anderen Person vergreift. Dann die Forderung des gesetzlichen Mindestlohnes; die zwar noch nicht in Gesetzesform gebrachte, aber verschiedentlich in die Tat umgesetzte Idee eines Organisationszwanges in den Gewerkschaften; die Forderung des paritätischen Arbeitsnachweises und der Überwachung des Arbeitsnachweises durch die Arbeiterorganisationen, was ja die Einschränkung der Souveränität des Unternehmers bedeutet, den Arbeiter zu engagieren, der ihm gefällt, und schließlich die weitgehende Forderung der Vergesellschaftung der Produktion: alles das steht oder stand im Widerspruche mit den Grundgedanken des bürgerlichen Radikalismus. Und so sieht sich dieser Radikalismus nun von zwei Seiten angegriffen. Auf der einen Seite wird er befehdet von den Anhängern des alten Regime, den Inhabern der alten Privilegien und denjenigen Angehörigen der bürgerlichen Klassen, die nach neuen Privilegien, nach neuen Schutzgesetzen für ihre bevorzugte soziale Position streben: den Klassen des Besitzes, den Klassen des Geburtsrechtes, den Verbänden, welche das Vorrecht des Unternehmers festlegen wollen, den Konservierern und womöglich Restaurierern des Alten, unterstützt durch Strömungen, die das 18. Jahrhundert in dieser Form nicht kannte, die sich aber leider in unserer neuen Zeit immer stärker geltend machen, den Strömungen des Nationalismus, worunter nicht der Drang nach nationaler Freiheit, sondern die nationalistische Übertreibung, die nationale Herrschsucht zu verstehen ist, und von den Förderern des Militarismus auf Grund der nationalistischen Tendenzen. Von allen diesen sieht sich der bürgerliche Radikalismus angegriffen auf der einen Seite, gegen sie hat er auf der einen Seite zu kämpfen, während ihm auf der anderen Seite mit Forderungen und Bestrebungen, wie ich sie vorher geschildert habe, entgegentritt die neue Partei der Arbeiter, die Sozialdemokratie; und die Frage unserer Zeit für den bürgerlichen Radikalismus ist die: was kann er unter diesen Verhältnissen leisten, was sind unter diesen Verhältnissen die Möglichkeiten des bürgerlichen Radikalismus? Hat er angesichts ihrer heute überhaupt noch eine Existenzberechtigung?

Für die Beantwortung dieser Frage muß ich nun zurückkommen auf die Ausführungen am Eingange meines Aufsatzes über Interesse und Idee als Triebkräfte der politischen Parteien und durch sie als Triebkräfte der Geschichte. Welches materielle Interesse vertritt heute der bürgerliche Radikalismus? Welche Klasse der Gesellschaft kann er behaupten zu vertreten? Nun, das bestimmt sich danach, wieviel von seinen Forderungen heute verwirklicht ist, wieviel davon in die Praxis übergegangen, geltendes Recht geworden ist.

Ein Teil der Gedanken des bürgerlichen Radikalismus ist in alle Verfassungen übergegangen. Sie finden sie nicht nur in den Verfassungen der freiheitlich ausgebauten Staatswesen, in den republikanischen Verfassungen der Schweiz und anderer Republiken, Sie finden sie sogar in der preußischen Verfassung, und ebenso in der deutschen Reichsverfassung. Ich weiß nicht, ob es der Fall ist, ich muß hierin meine Unwissenheit bekennen, aber ich glaube, Sie finden sie auch in der ungarischen Verfassung. Jedenfalls erfüllen sie als Rechtsgedanken das Zivilrecht, das von der Freiheit der Person durchdrungen ist. Ein großer Teil dessen, was ursprünglich der bürgerliche Radikalismus aufgestellt hatte und was für seine Zeit revolutionär war, ist heute mindestens formalrechtlich anerkannt, ja, fast Gemeinplatz geworden. Wir können heute in der Tat die Gleichberechtigung aller vor dem Gesetz als allgemein anerkanntes Staatsprinzip betrachten. Das formale Recht ist da: die Freiheit der Person, des Eigentums usw., ist in allen Ländern europäischer Kultur durch Gesetz festgelegt. Soweit kann der bürgerliche Radikalismus auf große Siege zurückblicken, nicht nur auf Siege, die er selbst erkämpft hat, sondern auch auf Siege seiner Ideen, welche sich im Laufe der Entwicklung den Gegnern aufgezwungen haben.

Aber gerade seine Erfolge sind heute auch ein Element der Schwäche der Parteien des bürgerlichen Radikalismus. Warum fallen in vielen Ländern immer mehr bürgerliche Elemente von ihnen ab? Weil sie nichts mehr für ihr Interesse in diesem Parteirahmen zu erkämpfen haben. Und die Frage ist umgekehrt eher so zu stellen: wieso ist er überhaupt noch eine starke politische Kraft?

Nun, die Gründe sind einfach. Erstens ist sein

Programm kaum in einem Land in voller Konsequenz durchgeführt. Selbst, wo sein Grundprinzip anerkannt ist, sind viele der aus ihm abgeleiteten Bestimmungen nur erst auf das Papier geschrieben. Die tatsächlichen, die ökonomischen Machtverhältnisse, wie sie sich im Zeitalter des Kapitalismus herausgebildet haben, sind eben stärker als der Buchstabe des Gesetzes. Die sozialen und insbesondere die wirtschaftlichen Voraussetzungen, von denen einst der bürgerliche Radikalismus ausging, bestehen nicht mehr oder mindestens zum Teil nicht mehr. Die wirtschaftlichen Verhältnisse sind umgewälzt worden, das Verhältnis des Arbeiters zum Unternehmer hat eine ganz andere Gestalt dadurch erhalten, daß der Arbeiter nicht mehr Unternehmer wird. Auch das Verhältnis von Eigentum und Gesellschaft ist ein ganz anderes geworden; wir haben ein Eigentum, welches sich stärker als früher aufrichtet gegen die Interessen der Allgemeinheit. Denken wir nur daran, wie das Bodeneigentum in den Städten und sogar auf dem Lande auch dort, wo es nicht durch spezielle Fideikommisse oder Majoratsbesitz gebunden ist, durch andere Verhältnisse rein ökonomischer Natur dem allgemeinen Interesse gegnerisch gegenübersteht. Ähnliches finden wir auf anderen Gebieten des öffentlichen Lebens. Dann aber zieht der bürgerliche Radikalismus seine Kraft auch aus anderen Faktoren. Nicht nur, daß ein Teil seiner Forderungen noch nicht verwirklicht ist — und denken Sie hierbei auch an seine Steuerforderungen —, hat er noch eine andere Quelle politischer Kraft. Das Bedürfnis bürgerlicher Politiker, entweder so viel Arbeiter als möglich an die Fahne ihrer Partei zu ketten oder mit den Arbeiterparteien sich zu verständigen, die Arbeiterbewegung in die Bahnen gesetzlicher Tätigkeit zu lenken oder in ihnen zu erhalten, kommt gleichfalls dem bürgerlichen Radikalismus zugute. Überhaupt ist in nicht wenigen Fällen das Parteiinteresse ein ideologisches, ist die Ideologie der Partei stärker, als das Klasseninteresse ihrer Angehörigen. Viele bürgerliche Elemente, welche, wenn sie nur ihrem materiellen persönlichen Interesse folgen würden, auch hinübergehen müßten in das Lager der Reaktion, der Scharfmacher, oder wie Sie es nennen wollen, empfangen aus der Ideologie, aus dem Rechtsgedanken des Radikalismus das Bedürfnis, mit der Arbeiterklasse zu einer Verständigung zu kommen, auch wenn sie sie nicht an ihre eigene Fahne binden können; und dieses Bedürfnis wirkt dann stärker als das persönliche Klasseninteresse.

Dann aber ein Zweites! Die E i n s i c h t in die Tendenzen der modernen Entwicklung als politischer Faktor oder als I d e e , auch das ist eine der Triebkräfte, die dem bürgerlichen Radikalismus noch in unserer Zeit, selbst in den fortgeschrittensten Ländern — und vielfach können wir sogar sagen: gerade in den fortgeschrittensten Ländern — noch immer eine Misssion, noch immer Leistungsfähigkeit verleihen, zumal auch ein Interesse der Arbeiter selbst daran besteht. An vielen Punkten aus dem Programm des bürgerlichen Radikalismus, die noch nicht verwirklicht sind, haben die Arbeiter mit dem Wachstum ihrer Klasse mehr als je Interesse, ein Umstand, der immer wieder dahin führt, daß die Arbeiterparteien mit der Partei des bürgerlichen Radikalismus freiwillig zusammengehen. Wir sehen das sogar heute noch in England; wir werden es sehen bei den großen Kämpfen, die dort bevorstehen; wir haben es gesehen und werden es sehen auch bei den großen Kämpfen in Frankreich um die Befreiung der Republik vom Einfluß der Finanziers, der Militaristen und Nationalisten. Dort und in anderen Ländern sehen wir, wie von Zeit zu Zeit von neuem die bürgerlichen radikalen Parteien im Bunde oder, sagen wir, in Verständigung mit der Partei der Arbeiterklasse vorgehen. Weiter kommt noch hinzu, daß dort, wo der bürgerliche Radikalismus an seinen großen Ideen, die in der Zeit der Blüte seiner geistigen Entwicklung aufgestellt wurden, festhält, er allmählich lernt, sie gemäß den veränderten Verhältnissen weiter auszubilden, ihnen eine neue Anwendung zu geben, die den veränderten Wirtschaftsverhältnissen entspricht. Das ist nicht etwa eine bloße Idee, ist keine abstrakte Forderung, es geht vor sich in der Wirklichkeit. Dafür kann ich Ihnen wieder eine Anzahl Beispiele vorführen.

Wir haben oben gesehen, wie die französische Revolution in ihren radikalsten Elementen das Verbot der Koalitionen aussprach; das war in den Jahren 1791/1792. Dreiunddreißig Jahre später aber wurde in England das Verbot der Koalition aufgehoben. Und wer waren die Leute, die neben den Arbeiterverbindungen sich bemühten, die Aufhebung des Koalitionsverbotes herbeizuführen? Es waren vorwiegend die bürgerlichen Radikalen, keiner mehr wie Henry Place, der Radikale, keiner mehr wie Joseph Hume, der Träger des Namens des großen radikalen Historikers und Philosophen, und noch einer, der vielfach verkannt worden ist: David Ricardo, der Ökonom des radikalen Liberalismus. David Ricardo, ein Mann, der als Feind der Arbeiterklasse verschrieen ist, hat sich auf Grund neuer Anwendung seines Systems der politischen Ökonomie als Anhänger der Abschaffung des Verbotes der Koalition, als Anwalt der Freigabe der Koalitionen für die Arbeiter betätigt. Die realen Verhältnisse zeigten, daß die kapitalistische Entwicklung Bedingungen geschaffen hatte, die es notwendig machten, den Arbeitern das Recht einzuräumen, sich zu koalieren, um überhaupt mit den Unternehmern irgendwie in Konkurrenz treten zu können. Das haben wir in England erlebt. Später ist dann die Koalition auch in Frankreich und in Deutschland freigegeben worden. Und im Jahre 1847 bekommt England sein erstes Normalarbeitstagsgesetz, ein Fabrikgesetz, für das unter anderen hauptsächlich agitiert hatte der radikale Abgeordnete Henry Fielding, und das bei der Einbringung begründet wurde durch den berühmten liberal-radikalen Historiker Macaulay. Damals hat man sich abgefunden mit dem ursprünglichen Gedanken des bürgerlichen Radikalismus, daß jeder Staatsbürger das Recht habe, über seine Arbeit frei zu verfügen, indem man sich, wie das Wort ging, hinter die Röcke der Frauen steckte. Das Gesetz, das den Zehnstundentag in der Textilindustrie festsetzte, galt formell nur für Frauen und jugendliche Arbeiter. Man wußte aber sehr wohl, daß durch die Beschränkung der Frauenarbeit in den vom Gesetz bezeichneten Fabriken tatsächlich auch die Arbeitszeit der dort beschäftigten Männer beschränkt wurde. Nur dem Prinzip zuliebe wollte man sich damals nicht ausdrücklich weiter wagen, man tat eben nur den ersten Schritt. Anderwärts hat später der bürgerliche Radikalismus im Vereine mit den Arbeitern es doch zu Wege zu bringen gewußt, daß, wie zum Beispiel in der Schweiz, ein Maximalarbeitstag für alle Arbeiter in den Fabriken ohne Unterschied des Geschlechtes festgesetzt wurde. Und konnte man das nicht auf Grund der alten Auslegungen des bürgerlichen Radikalismus begründen, so gab es doch mehr als einen Weg, es mit den Grundgedanken seiner Theorie in Einklang zu bringen. Es kam nur darauf an, daß man die neuen Verhältnisse berücksichtigte.

Ich habe bei Gelegenheit der von der französischen Revolution verkündeten Erklärung der Menschenrechte mit etlichen anderen einen der schönsten Sätze dieser Erklärung vorgeführt: nämlich das Verbot, sich zu verkaufen. Kein Bürger, heißt es da, darf sich verkaufen, noch darf er verkauft werden. Kann nun nicht das Gesetz sagen: du darfst deine Freiheit, deine Muße, die Zeit, wo du dir selbst gehörst, nicht über eine gewisse Grenze hinaus verkaufen? Kann das Gesetz nicht logischerweise das Mindestmaß der Zeit feststellen, welches ich notwendig habe für Muße und Schlaf? Und kann es dann nicht festsetzen: Über diese Zeit hinaus darf niemand seine Arbeitskraft veräußern? Ich glaube, daß der Gedanke der französischen Revolution: kein Mensch darf sich in Sklaverei, in Hörigkeit veräußern, daß dieser Gedanke, auf die neuen ökonomischen Verhältnisse übertragen, es eben logischerweise vollständig ermöglicht ein Verbot zu begründen, wonach der Staatsbürger nicht über eine gewisse Zeit pro Arbeitstag seine Arbeitskraft dem Kapitalisten verkaufen darf.

Viele Beispiele der neuesten Zeit sprechen für eine ähnliche Weiterbildung der Grundbegriffe des bürgerlichen Radikalismus. So erklärte schon vor mehr als 25 Jahren der verstorbene radikale englische Minister Campbell-Bannermann im Parlamente auf eine Anfrage, betreffend Arbeitsbedingungen in den Lieferungskontrakten der Regierung:

„Wir haben die Theorie aufgegeben, daß wir die Arbeit auf dem billigsten Markt kaufen müssen."

Es war einst ein Grundgesetz der vom bürgerlichen Radikalismus geforderten freien Konkurrenz, alles möglich billig zu kaufen, um es teurer wiederzuverkaufen.

Nun aber ging vom Jahre 1889 ab, wo der in seiner Mehrheit aus Radikalen und Arbeitervertretern zusammengesetzte Londoner Grafschaftsrat das Beispiel gegeben hatte, eine englische Munizipalvertretung nach der andern dazu über, in ihre Ausschreibungen von Arbeiten oder Lieferungen die sogenannte Fair Wages-Klausel als Bedingung einzufügen, nämlich die Verpflichtung für den Unternehmer, die bei den betreffenden Arbeiten beschäftigten Arbeiter mindestens zu den von den Gewerkschaften anerkannten Arbeitsbedingungen (Löhne, Arbeitszeit usw.) zu beschäftigen. Noch sehr viel weiter ist im Jahre 1912 das englische Parlament mit dem Gesetz über die Bergarbeiterlöhne gegangen. Nach diesem Gesetz werden in jedem Bergrevier Englands von paritätisch zusammengesetzten Kommissionen unter Vorsitz eines von der Behörde gestellten Unparteiischen Mindestlöhne bestimmt, die nicht unter gewisse, im Gesetz aufgeführte Sätze herabgehen dürfen und die der eine normale Leistung verrichtende Arbeiter gerichtlich eintreiben kann, wenn der Versuch gemacht wird, sie zu verkürzen. Ähnliche Bestimmungen enthält das englische Gesetz über die Lohnämter für die Heimarbeiter. Das, wie diese Gesetze, von einer radikalen Parlamentsmehrheit im Verein mit der Arbeiterpartei 1904 beschlossene Gesetz über Alterspensionen für Arbeiter gibt allen Arbeitern, die nicht über ein gewisses Jahreseinkommen verfügen, vom 70. Lebensjahre an, ohne jede vorherige Beitragszahlung, als Zuschuß zu etwaigen eignen Ersparnissen eine Pension von 5 Schillingen die Woche. Im Jahre 1912 hat ferner England, dem Beispiel des von Liberalen, Demokraten und Sozialisten regierten Dänemark folgend, für drei große Industrien mit zusammen $2^1/_2$ Millionen Arbeitern die staatliche Versicherung gegen Arbeitslosigkeit eingeführt. Das gleichfalls der neuesten Zeit entstammende englische Gesetz über Kranken- und Invalidenversicherung schreibt vor, daß bei einem Lohn, welcher eine gewisse Höhe nicht erreicht, der

Unternehmer mehr Beitrag zu zahlen hat, als bei einem höheren Lohne. So hat er z. B. bei einem Tagelohn von drei Schillingen weniger zu zahlen als bei einem Lohne von zweiundeinhalb Schillingen. Der Sinn des Gesetzes ist, den Unternehmer geradezu anzureizen, bessere Löhne zu zahlen bzw. ihm für Zahlung schlechterer Löhne eine Art Buße aufzuerlegen. Das ist in England durch das Gesetz vorgeschrieben und nun durchgeführt worden. Und es war ein Parlament des bürgerlichen Radikalismus, das dies bestimmt hat, ein Parlament, in dem der bürgerliche Radikalismus eine Mehrheit hat.

In Frankreich hat 1884 der Radikale Waldeck-Rousseau im Verein mit dem Radikalen Edouard Lockroy den Arbeiterkoalitionen durch Gesetz zu einer vollständigen Freiheit verholfen. Immer mehr von dem, was ihm früher als Unmöglichkeit galt, hat der bürgerliche Radikalismus durchzuführen sich entschlossen. Indem er suchte, sich den modernen Verhältnissen anzupassen, sah er sich zur Weiterbildung seiner alten Begriffe genötigt. Es ändert sich die Gliederung der Gesellschaft und damit ändern sich eben auch die Möglichkeiten des bürgerlichen Radikalismus. Ist es ja nicht nur die Klasse der Lohnarbeiter, die an Zahl immer stärker wird. Rascher als sie wächst in vorgeschrittenen Ländern heute die soziale Schicht der Beamten und Angestellten, der sogenannte neue Mittelstand. Da die Zahlen der deutschen Berufsstatistik allgemein bekannt sind, gestatten Sie mir die Zahlen der Berufsstatistik der Vereinigten Staaten von Amerika als Beispiel anzuführen, dieses Landes der typischen modernen Wirtschaftsentwicklung. In dem Jahrzehnt von 1899 bis 1909 ist dort in Industrie und Handel, während die Zahl der Arbeiter um rund 40 %, die Zahl der Unternehmungen um noch nicht 30 % stieg, die Zahl der Beamten und Angestellten um über 109 % angewachsen. Man hat oft betont, daß diese Schicht der Beamten und Angestellten in der sozialen Gliederung den Ausfall des alten Mittelstandes der Kleingewerbtreibenden ersetze. Formal ist das richtig. Aber die Beamten und Angestellten empfinden sozial und denken politisch ganz anders als die heute meist zum Konservatismus neigenden kleinen selbständigen Meister.

Nun erhebt sich die Frage: Wird und kann der bürgerliche Radikalismus sich unausgesetzt in dieser Weise weiterbilden? Auf die Dauer, glaube ich, würde dies nur möglich sein, wenn sich der bürgerliche Radikalismus noch mehr häutet und schließlich in die sozialistische Demokratie, zum proletarischen Radikalismus übergeht. Das aber ist jedoch meines Erachtens von ihm als Partei nicht zu erwarten. Die heutige Tendenz des bürgerlichen Radikalismus ist, daß er politisch vermitteln, sozial ausgleichen will. Er will soziale Reform, aber er will keinen Klassenkampf. Er folgt den Verhältnissen, aber er führt nicht mehr. Als sozial treibende und drängende Kraft sieht er neben und gegen sich die Partei der Arbeiterklasse. In Deutschland, in Frankreich, in England — überall sehen wir, wie die Partei der Arbeiterklasse an Stärke gewinnt und dahin kommt, den bürgerlichen Radikalismus hier früher und dort später zu überflügeln und schließlich eines Tages zu expropriieren.

Wenn wir das aussprechen, so wird es manchem als eine trübe Aussicht für den bürgerlichen Radikalismus erscheinen, denn er schmiedet danach selbst die Waffen dem Proletariat, mit denen es ihm eines Tages ein Ende macht.. Ich glaube aber, man kann die Sache auch anders auffassen und bin der Ansicht, man soll es auch tun. Denn was ist im Grunde die Aufgabe des Politikers? Sich aufzuarbeiten, sich abzunutzen, sich überflüssig zu machen dadurch, daß er durchsetzt, wofür er kämpft. So müssen auch die politischen Parteien ihre Mission auffassen. Keine politische Partei, die ihr Salz wert sein will, darf sich als Selbstzweck betrachten; bestimmte politische Aufgaben sind es, wofür Parteien da sind, und logischerweise sind, wenn diese Aufgaben erfüllt sind, die Parteien überflüssig geworden, die sie sich zum Ziel gesetzt hatten. Ist das aber etwas Trauriges, wenn eine Partei es dahin gekommen sieht, daß ihre Ideen in die Wirklichkeit übergegangen sind? Hat eine Partei ihren Daseinszweck verwirklicht, dann ist ihr Ende ein ruhmreicher Tod; sie ist dann höchstens um ihn zu beneiden, aber nicht seinetwegen zu bedauern! In den meisten Ländern hat jedoch der bürgerliche Radikalismus noch viel zu tun, hat er, wie wir gesehen haben, noch viele Möglichkeiten und Aufgaben vor sich und wird er daher noch oft mit den Arbeitern zusammenkämpfen; er wird sich hoffentlich die Lust an diesen Kämpfen nicht durch den Gedanken beeinträchtigen lassen, daß einmal die Zeit kommen wird, da er keine Mission mehr hat.

Um es an einem Bilde zu veranschaulichen, möchte ich am Schlusse noch zusammenfassend an ein Drama des großen nordischen Dichters Ibsen erinnern, an seinen Baumeister Solneß. Sie kennen dieses Drama, Sie wissen, wie dessen Held, ein Mann, dem einst alles gelang, dessen Wille so stark war, daß seine Gedanken fast von selbst in Erfüllung gingen, im vorgerückterem Alter ein mürrischer Griesgram wurde, aus Furcht vor der Jugend, die vor der Tür stehe, ihn abzulösen. Da tritt in Gestalt eines Mädchens die Jugend selbst an ihn heran und fordert ihn auf, sich als der zu zeigen, der er früher war, und selbst den Kranz auf der Spitze eines eben von ihm erbauten Turmes aufzupflanzen. Er rafft sich zusammen, er steigt das Gerüst hinauf und erreicht die Spitze. Oben jedoch verläßt ihn die Kraft, er fällt herab und liegt zerschmettert am Boden. Einige bedauern ihn, die Jugend aber ruft beseeligt: „Und er war doch oben, er hat die Spitze doch erreicht!"

Das ist der Gedanke, von dem jeder Strebende erfüllt sein muß. Wie lange wird der bürgerliche Radikalismus noch leben? Wird er die Kraft und den Mut haben nach oben zu gelangen? Wie dem auch sei: wie früh oder wie spät der bürgerliche Radikalismus in den verschiedenen Ländern vor dieser Alternative stehen mag. — Eines werden wir mit Gewißheit sagen dürfen: er wird um so länger leben, je mehr er seinen großen Ideen treu bleibt, je mehr er es versteht mit seinen großen Ideen den Anforderungen der neuen Zeit gerecht zu werden, je mehr er es versteht, mit der Jugend der neuen Zeit Fühlung zu halten und sich entschließt, unerschrocken zu kämpfen bis er seine Mission erfüllt haben wird! Ich schließe mit dem Wunsche, daß Dasjenige, was ich hier als die Perspektive des bürgerlichen Radikalismus erwähnte, zur Wirklichkeit werde, daß er in Verbindung mit der neuen Bewegung der Arbeiterklasse kämpfe, um soviel als möglich von seinem Programm durchzusetzen, und daß es ihm vergönnt sein möge, eines Tages sagen zu können: Mein Werk ist vollbracht, nun tut das Eure!

Printed by Libri Plureos GmbH
in Hamburg, Germany